LES PATIENCES

À 15 CENTIMES,

leur **PHILOSOPHIE**, leur **POÉSIE**.

N.º 14

La Tour de Babel.

PAR

M.ᵉ Salomon Modeste de la Rêvasserie

PARIS,

chez AVRIL FILS & C.ᶦᵉ Rue Richelieu, 67

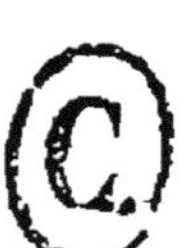

PRÉFACE

Le ciel en sa clémence donna la patience à l'humanité pour adoucir les maux, conduire à la vertu, à la science, à la richesse : et les sages inventèrent les patiences, véritables paraboles en action, qui, appréciées et bien comprises, doivent changer les plus indolents désœuvrés en profonds penseurs et ouvrir la voie à toutes les perfections.

Il est des infortunés qui croient que les patiences n'ont été créées que pour passer le temps, occuper machinalement les doigts,

prédisposer au sommeil. Si encore leur dédaigneuse insouciance ne les privait que de la petite satisfaction que l'humaine nature trouve toujours dans le succès de ses entreprises, tant futiles qu'elles soient! Mais ils ignorent donc, les malheureux, que l'imagination, ce don du ciel qui distingue l'homme des animaux, peut s'éteindre en eux, faute d'être suffisamment exercée! Et où trouveront-ils jamais pour cette faculté, dont les écarts sont quelquefois si dangereux, un exercice plus sain et plus moral que la calme et douce exécution des patiences.

Toute patience est une image de la vie hu-

maine : chacune d'elles représente soit un trait de mœurs, soit un épisode historique. Leurs succès, plus ou moins répétés, indiquent les chances bonnes ou mauvaises réservées à des faits analogues, et rendent palpables les causes, quelquefois fortuites, mais le plus souvent conséquences inévitables de l'imprévoyance et de l'inattention, qui peuvent empêcher ou modifier les résultats espérés.

O vous tous donc qui prétendez étudier l'humanité, qui aspirez à la perfection, lisez mon œuvre, mêlez vos cartes, et, comme le grand roi Salomon, le premier des sages qui

se livra à cette utile occupation, laissez-vous aller à la douce langueur des patiences.

La richesse vient en dormant, disaient nos pères. Plus heureux qu'eux, nous pouvons nous livrer au plus agréable des jeux; nous engourdir en ses douces émotions, et, sans peines, sans fatigues, nous réveiller philosophes et poëtes.

ÉLÉMENTS INDISPENSABLES.

FAMILLE. Toutes les cartes de même espèce, tous les cœurs, tous les carreaux, etc.,
d'un ou plusieurs jeux de cartes, forment une
famille. Un jeu complet contient nécessairement quatre familles.

VALEUR. La valeur de chaque carte est indiquée par le nombre des points ou par la
figure dont elle est ornée. As ou 1, 2, 3,
etc., etc., 9, 10. Dans certains cas particuliers, le valet compte pour 11, la dame pour
12, le roi pour 13.

SÉRIE. Une série est une suite de cartes rangées suivant leur valeur.

Elle est ascendante quand la valeur des cartes va toujours augmentant : lorsque, par exemple, elle commence par un as et finit par un roi. Dans toutes les séries ascendantes qui ne commencent pas par un as, l'as se pose immédiatement sur le roi.

Elle est descendante quand la valeur des cartes va toujours en diminuant : lorsque, par exemple, elle commence par un roi et finit par un as. Dans toutes les séries descendantes qui ne commencent pas par un roi, le roi se pose immédiatement sur l'as.

A moins de conventions contraires, les séries se composent indistinctement de cartes de toutes couleurs et de toutes familles.

SOUCHE. La carte qui sert de base à une série, soit ascendante, soit descendante, est la souche de cette série.

TALON. Le talon est un paquet formé de toutes les cartes qui ne trouvent pas un emploi immédiat au moment où elles sortent du jeu. Toutes les cartes qui composent un talon se trouvent, par suite, placées les unes par rapport aux autres, exactement dans l'ordre inverse de celui qu'elles occupaient dans le jeu.

TABLEAU. On donne ce nom à une réunion de cartes étalées sur la table, soit pour servir de souche aux séries, soit pour fournir, en s'astreignant aux règles des diverses patiences, les cartes nécessaires pour les exécuter.

Il y a des tableaux de toutes formes.

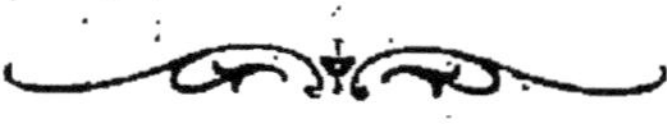

AVIS.

Les personnes exactes et positives, qui veulent aller droit au but sans s'arrêter ni se jamais laisser distraire ou détourner dans leur marche, trouveront, en ne lisant dans la description de chaque patience que les seuls mots imprimés en italique, *une explication technique* et des indications aussi brèves, sèches et arides qu'elles peuvent le désirer, sur la manière d'exécuter chacune d'elles.

EXPLICATION

Des signes employés dans les figures des patiences.

Dans les figures qui se trouvent en tête de chaque patience, les cartes sont désignées par différentes lettres, suivant les divers rôles qu'elles sont appelées à remplir.

A Série ascendante.

D Série descendante.

F Fractions de séries.

T Tableau.

P Dépôt provisoire.

O Talon.

I Cartes isolées ou déposées à part.

LA TOUR DE BABEL.

T T

T T T T

T T T T T T

Bien mêler les cartes de plusieurs grands jeux est chose difficile pour certaines personnes, quelquefois assez fatigante et toujours fort ennuyeuse. Il existe une patience qui donne le moyen d'attacher un certain intérêt à cette fastidieuse opération, et qui même, quand elle ne réussit pas, laisse les cartes parfaitement mêlées et bien préparées pour tout autre jeu.

Sans remonter précisément au déluge, arrêtons-nous à la construction de la Tour de Babel. Les cartes rangées par séries régulières, suivant leurs couleurs et leurs valeurs, comme elles le sont ordinairement après l'exécution de la plupart des patiences, nous représentent l'ordre et l'harmonie qui régnèrent d'abord dans les différentes branches de la grande famille des enfants de Noë; chacun y était à sa place et s'y trouvait bien ; il n'y avait donc ni trouble ni agitation, le bonheur était calme et parfait.

Mais il vint un temps où le nombre des hommes augmentant sans cesse, tous ces enfants d'une même famille ne purent plus s'asseoir à la même table ni même trouver leur vie en une même contrée. Les repas de famille se changèrent en meeting, ce qui prouve que ces réunions, dont nos voisins d'outre-Manche sont si fiers, ne sont pas d'invention récente. Toujours est-il que de l'un de ces meetings quasi-antidiluvien, il résulta l'érection d'une tour qui devait menacer le Ciel.

Et c'est justement à l'édification de ce monument que nous proposons au joueur de se livrer. Il n'est pas besoin d'être bien habile en architecture pour comprendre que dans une construction destinée à atteindre une grande hauteur, les étages, à mesure qu'ils s'élèvent, doivent diminuer d'étendue, faire retrait les uns sur les autres, en sorte que le monument présente la forme d'une pyramide. Partant de ce principe, *les six premières cartes sorties du jeu se rangent sur une ligne horizontale :* ce sont les premiers fondements, le premier étage de l'édifice. *Les quatre cartes qui viennent ensuite* se posent dessus en une seconde rangée qui, nécessairement plus courte que la première, ne s'étend pas sur les cartes de ses extrémités. Cette seconde rangée enfin, cette seconde construction *est surmontée elle-même* d'une troisième, composée de deux cartes seulement, les onzième et douzième tirées du jeu, ne pouvant par suite couvrir non plus les cartes des extrémités de la seconde rangée.

On obtient ainsi un tableau représentant assez exactement la célèbre Tour de Babel. Les meneurs prétendaient bien la faire élever infiniment plus haut, mais les conservateurs qui, dans ces temps reculés, formaient la grande majorité, exigèrent que d'abord on s'attachât à consolider les premières constructions. *Avant de ne rien ajouter au tableau ainsi obtenu, le joueur considère successivement les diverses rangées de cartes* représentant les trois étages déjà construits, *et enlève de chacune d'elles toutes les cartes qui s'y trouvent seules de leur espèce.* Images de matériaux de nature étrangère à ceux qui les entourent, et ne pouvant par suite se cimenter convenablement avec eux, ces cartes sont extirpées de la construction, *on les jette à part en un monceau de rebut.*

Après cette opération, il se trouve divers

vides dans le tableau, l'édifice semble chancelant, on se hâte de le revêtir d'une nouvelle couche de matériaux. *Douze nouvelles cartes se posent tant sur les premières que sur les places restées vides entre elles. Dès qu'elles sont placées, on en passe l'inspection et comme précédemment, on enlève toutes celles qui dans chaque rangée se trouvent seules de leur espèce. Huit distributions; toujours suivies chacune du triage des cartes, s'exécutent ainsi successivement. A la neuvième distribution, il ne reste plus dans le jeu que huit cartes. Six se mettent sur la rangée du bas, deux sur celle du haut.*

L'impatience de juger de l'effet de l'édifice complet et la confusion des esprits qui précéda peut-être celle des langues, peuvent seules expliquer comment il se fit que l'on ne craignit pas de surcharger ainsi le sommet de l'édifice avant d'avoir consolidé l'étage inférieur, et, depuis ce temps, bien des personnes considèrent le besoin impérieux de jouissances immédiates et trop promptes comme une manifestation de la colère céleste.

Alors, et précisément à l'instant où cette inexplicable faute de construction vient d'être commise, *il ne se trouve plus de cartes à* distribuer, la désillusion aigrit les esprits, et les meetings devenant orageux, le parti avancé l'emporte. Il veut que la construction marche n'importe comment. Si les matériaux manquent, c'est qu'ils ont été prodigués dans le principe ; on doit trouver dans les bases mêmes de l'édifice les matériaux nécessaires à son élévation. Les contre-forts ne sont qu'un luxe de précaution ; on peut les supprimer, etc., etc.

On prend donc le paquet de droite de la rangée du bas, on en distribue les cartes sur les autres paquets du tableau, et cette distribution terminée, on enlève, comme on l'a toujours fait jusqu'alors, les cartes qui se trouvent seules de leur espèce, dans chaque rangée horizontale.

Après le paquet de droite de la rangée du bas, c'est celui de gauche qui est distribué à son tour, et l'édifice ou *le tableau* ne présente plus alors que deux assises ou *rangées* de quatre paquets de cartes chacune, surmontées d'une troisième formant retrait, puisqu'elle ne se compose que de deux paquets.

Puis les matériaux viennent encore à manquer, *les paquets des deux extrémités du deuxième étage de la seconde rangée hori-*

zontale partent successivement à leur tour, et on arrive à un tableau ou construction composé de deux étages semblables, de deux paquets de cartes chacun, faisant retrait sur la première assise qui est formée de quatre paquets.

Mais les cartes ou matériaux font encore défaut; alors de beaux parleurs font remarquer qu'une simple tour, de même dimension dans toute sa hauteur, paraîtra plus élancée, plus élégante, et la multitude d'applaudir. On finit donc par supprimer l'un après l'autre les paquets des deux extrémités de la ligne du bas, pour les distribuer sur ceux qui restent dans le tableau.

Cependant, après chacune de ces distributions, il a fallu, comme toujours, enlever des diverses rangées horizontales les cartes qui se trouvent seules de leur espèce dans chacune d'elles, et la construction, minée de tous côtés, se présente dans l'état le plus déplorable. Les assises inférieures ne se trouvant souvent composées que d'un seul paquet de cartes, sont plus minces et plus faibles que les étages qu'elles supportent. Quelquefois même une rangée horizontale entière a disparu, et les étages supérieurs semblent suspendus dans les airs. C'est le résultat de la confusion des langues. On a lant et si longuement parlé que les hommes, fatigués d'écouter, ont commencé par ne plus entendre et fini par ne plus se comprendre. Les meetings sont tombés dans un tel discrédit que 42 siècles ont dû passer avant qu'on ne les vît reparaître. A nous l'honneur de les avoir fait revivre! Mais en attendant, l'instinct de la conservation fit que les hommes, dans la crainte d'être écrasés sous les ruines de l'édifice informe, résultat de leur vanité, travaillèrent eux-mêmes à sa destruction, attaquant d'abord les étages supérieurs, *puis* ceux du bas.

Les paquets de cartes du haut du tableau

d'abord et tous les autres ensuite, sont successivement enlevés et distribués sur ceux qui restent jusqu'à ce qu'il ne s'en trouve plus que deux, ceux qui étaient originairement au centre de la rangée du bas, formant la première base de l'édifice. Témoignage éternel de l'impuissance des trop nombreuses et tumultueuses réunions, ils resteront tant que les hommes revenus de leurs erreurs n'auront pas reconnu le danger d'écouter les discours qui flattent leur vanité, tant que la patience n'aura pas réussi, tant que les cartes qui composent ces deux derniers paquets n'auront pas été toutes enlevées, mais cela ne peut se faire que s'il ne s'en présente jamais en même temps à la surface des paquets deux de la même famille.

Le succès de cette patience dépend presque toujours du talent et de l'attention du joueur; ses efforts multipliés doivent tendre constamment à faire disparaître le plus de cartes possibles du tableau; à diminuer ou supprimer autant qu'il dépend de lui les longs discours, cette plaie des temps antiques que la succession des siècles n'a pas pu encore cicatriser complétement. S'il ne doit jamais enlever que les cartes qui se trouvent seules de leur espèce dans chaque rangée horizon-

tale, il peut au moins choisir avec discernement celles qu'il enlève, tantôt en prendre plusieurs de suite dans un même paquet, tantôt passer successivement d'un paquet à un autre; et par ces moyens retarder et souvent même empêcher l'apparition simultanée des cartes de même famille à la surface des paquets d'une même rangée du tableau.

Quand la patience vient à manquer, c'est que les nations ne sont pas encore mûres pour la sagesse. C'est qu'il se trouve encore trop d'orateurs dans les assemblées, trop de bavards dans les familles. Peut-être, hélas! le joueur lui-même est-il une des causes de l'insuccès. Qu'il réfléchisse donc longuement en silence sur les inconvénients des longs discours! Qu'il étudie attentivement les moyens de réprimer les bavards et les bavardages! Qu'il se pénètre bien enfin de l'idée qu'en agissant ainsi, s'il ne parvient pas à empêcher la confusion des langues, il aura au moins contribué, dans l'étendue de ses forces, au bonheur de l'humanité entière.

PATIENCES A 15 CENTIMES

déjà publiées.

Nº 1. Le vieux Procureur.
     2. La Flèche.
     3. Les Missionnaires.
     4. La Culture.
     5. La Constitution.
     6. Les Mariages.
     7. L'Épi.
     8. Une Leçon de politique.
     9. Le Dictionnaire de l'Académie.
   10. La Chasse du baron.
   11. La Perfection humaine.

Sous presse :

12. La bonne Aventure du Troupier.
13. L'avenir d'une belle et grande contrée.
14. La Tour de Babel.
15. Huit femmes parfaites.
16. La Cligne-Musette.
17. Un dîner.
18. Etude sur le cœur humain.
19. Un moyen d'être heureux en ménage.

Typ. Oberthur et fils, à Rennes. — M^{on} à Paris,
rue des Blancs-Manteaux, 35.

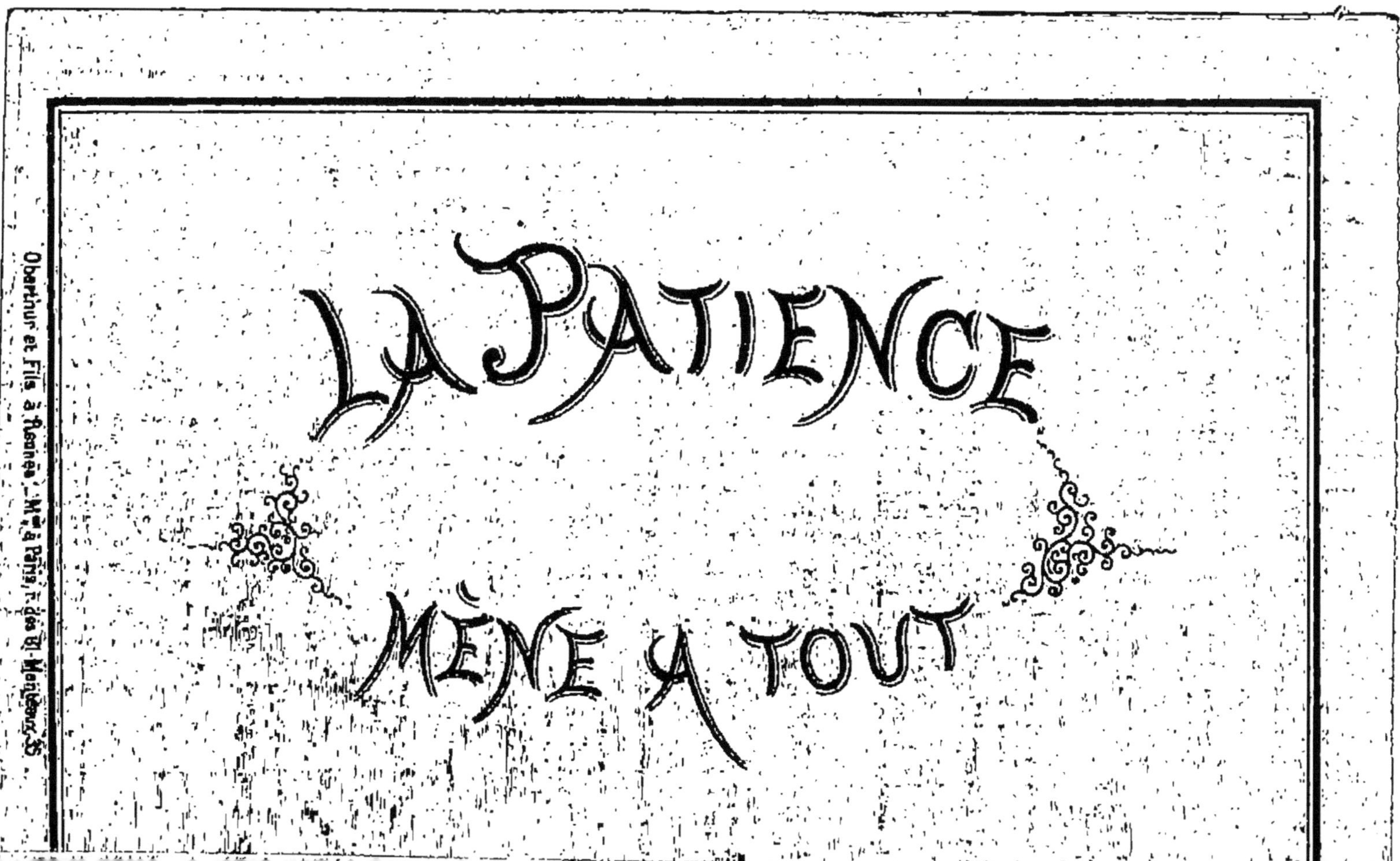

Oberthur et Fils à Rennes — M. à Paris, r. des Bl-Manteaux 35

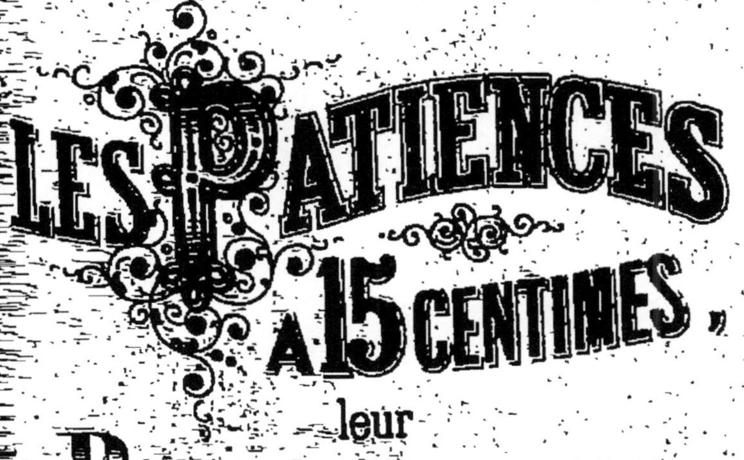

No 15
Huit Femmes parfaites.

PAR

M. Salomon Modeste de la Rèvasserie

PARIS,

chez AVRIL FILS & Cie Rue Richelieu, 67

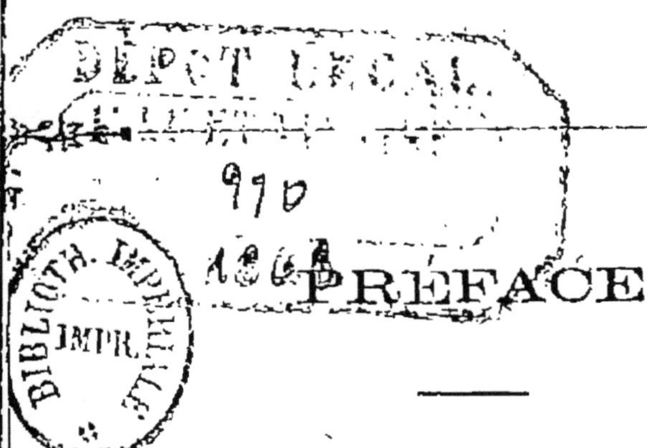

PREFACE

Le ciel en sa clémence donna la patience à l'humanité pour adoucir les maux, conduire à la vertu, à la science, à la richesse : et les sages inventèrent les patiences, véritables paraboles en action, qui, appréciées et bien comprises, doivent changer les plus indolents désœuvrés en profonds penseurs et ouvrir la voie à toutes les perfections.

Il est des infortunés qui croient que les patiences n'ont été créées que pour passer le temps, occuper machinalement les doigts,

prédisposer au sommeil. Si encore leur dédaigneuse insouciance ne les privait que de la petite satisfaction que l'humaine nature trouve toujours dans le succès de ses entreprises, tant futiles qu'elles soient! Mais ils ignorent donc, les malheureux, que l'imagination, ce don du ciel qui distingue l'homme des animaux, peut s'éteindre en eux, faute d'être suffisamment exercée! Et où trouveront-ils jamais pour cette faculté, dont les écarts sont quelquefois si dangereux, un exercice plus sain et plus moral que la calme et douce exécution des patiences.

Toute patience est une image de la vie hu-

maine : chacune d'elles représente soit un trait de mœurs, soit un épisode historique. Leurs succès, plus ou moins répétés, indiquent les chances bonnes ou mauvaises réservées à des faits analogues, et rendent palpables les causes, quelquefois fortuites, mais le plus souvent conséquences inévitables de l'imprévoyance et de l'inattention, qui peuvent empêcher ou modifier les résultats espérés.

O vous tous donc qui prétendez étudier l'humanité, qui aspirez à la perfection, lisez mon œuvre, mêlez vos cartes, et, comme le grand roi Salomon, le premier des sages qui

se livra à cette utile occupation, laissez-vous

aller à la douce langueur des patiences.

La richesse vient en dormant, disaient

nos pères. Plus heureux qu'eux, nous pou-

vons nous livrer au plus agréable des jeux,

nous engourdir en ses douces émotions, et,

sans peines, sans fatigues, nous réveiller

philosophes et poëtes.

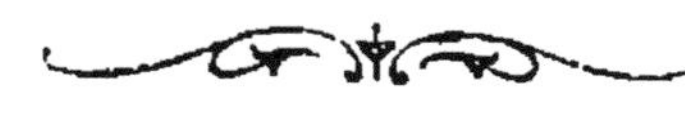

ÉLÉMENTS INDISPENSABLES.

FAMILLE. Toutes les cartes de même espèce, tous les cœurs, tous les carreaux, etc., d'un ou plusieurs jeux de cartes, forment une famille. Un jeu complet contient nécessairement quatre familles.

VALEUR. La valeur de chaque carte est indiquée par le nombre des points ou par la figure dont elle est ornée. As ou 1, 2, 3, etc., etc., 9, 10. Dans certains cas particuliers, le valet compte pour 11, la dame pour 12, le roi pour 13.

SÉRIE. Une série est une suite de cartes rangées suivant leur valeur.

Elle est ascendante quand la valeur des cartes va toujours augmentant : lorsque, par exemple, elle commence par un as et finit par un roi. Dans toutes les séries ascendantes qui ne commencent pas par un as, l'as se pose immédiatement sur le roi.

Elle est descendante quand la valeur des cartes va toujours en diminuant : lorsque, par exemple, elle commence par un roi et finit par un as. Dans toutes les séries descendantes qui ne commencent pas par un roi, le roi se pose immédiatement sur l'as.

A moins de conventions contraires, les séries se composent indistinctement de cartes de toutes couleurs et de toutes familles.

SOUCHE. La carte qui sert de base à une série, soit ascendante, soit descendante, est la souche de cette série.

TALON. Le talon est un paquet formé de toutes les cartes qui ne trouvent pas un emploi immédiat au moment où elles sortent du jeu. Toutes les cartes qui composent un talon se trouvent, par suite, placées les unes par rapport aux autres, exactement dans l'ordre inverse de celui qu'elles occupaient dans le jeu.

TABLEAU. On donne ce nom à une réunion de cartes étalées sur la table, soit pour servir de souche aux séries, soit pour fournir, en s'astreignant aux règles des diverses patiences, les cartes nécessaires pour les exécuter.

Il y a des tableaux de toutes formes.

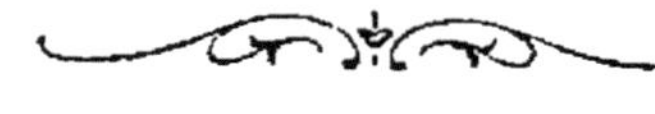

AVIS.

Les personnes exactes et positives, qui
veulent aller droit au but sans s'arrêter ni se
jamais laisser distraire ou détourner dans
leur marche, trouveront, en ne lisant dans la
description de chaque patience que les seuls
mots imprimés en italique, *une explication
technique et des indications aussi brèves,
sèches et arides* qu'elles peuvent le désirer,
sur la manière d'exécuter chacune d'elles.

EXPLICATION

Des signes employés dans les figures des patiences.

Dans les figures qui se trouvent en tête de chaque patience, les cartes sont désignées par différentes lettres, suivant les divers rôles qu'elles sont appelées à remplir.

A Série ascendante.

D Série descendante.

F Fractions de séries.

T Tableau.

P Dépôt provisoire.

O Talon.

I Cartes isolées ou déposées à part.

HUIT FEMMES PARFAITES.

A A A A A A A A
T T T T T T T T
T T T T T T T T
F F F F F F F F

Huit cartes se posent sur une ligne horizontale ne laissant voir que leur dos, et huit
autres se placent de la même manière au-
dessous. Ce sont seize jeunes personnes
fraîches, rieuses, parées de leur gracieuse

innocence. On les a fait descendre au parloir du couvent, et modestement cachées sous leurs voiles, elles attendent des visites nombreuses, car les jours de réception sont rares et se font longtemps désirer.

D'abord paraissent huit de leurs anciennes compagnes, les dernières sorties du couvent; chacune court se jeter dans les bras de son amie de cœur. Elles sont représentées par *les huit premières cartes tirées du jeu,* qui se placent au bas des huit petites colonnes verticales formées par les seize premières, mais sans être retournées comme elles. Ces nouvelles arrivantes sont bien aises de laisser voir qu'elles ont déjà été dans le monde, et n'ont d'ailleurs aucune raison pour cacher les mines mutines et les gestes gracieux, piquants assaisonnements de leurs longues et intéressantes confidences.

Après le premier moment d'épanchement, *quand les huit cartes sont toutes posées, s'il se trouve parmi elles des as, on les met à part.* Images de quelques-unes des anciennes pensionnaires qui, mariées bien jeunes, jouent un peu à la dame et cherchent à se former un cercle, *ils doivent servir de souches à des séries ascendantes. Sur un as rouge, on met indifféremment des cœurs ou*

*des carreaux ; sur un as noir, on pose indiffé-
remment des trèfles ou des piques, en sorte
que chaque série est composée uniquement
de cartes de la même couleur,* et il ne sau-
rait en être autrement : ces très-jeunes
femmes n'ont pas même l'idée d'admettre
en leur société des personnes qui ne se-
raient pas en rapport de naissance, de for-
tune, de position avec leurs familles et
celles de leurs maris.

Les autres visiteuses semblent moins re-
tenues ; à défaut de jeunesse, elles ont l'ha-
bitude du monde, et, suivant les usages
nouveaux, elles parlent haut et ne craignent

nullement d'attirer l'attention ; presque toutes d'ailleurs ont de grandes filles au couvent, et chercher des maris étant un devoir, elles sont gracieuses pour tous, quelles que soient leurs couleurs. Noirs ou rouges, tous sont également bien reçus, pourvu que n'importe qui les leur ait présentés ; plus leur auditoire est nombreux, plus elles se sentent heureuses. De là vient que, *sur les cartes qui les représentent, celles du bas de chacune des huit colonnes verticales, on établit, autant que possible, des fractions de séries descendantes et alternant sans cesse de couleurs. Sur une carte rouge, on en met une noire; sur une noire, une rouge, et ainsi de suite.*

Et cependant, ô ingratitude humaine ! *les cartes inférieures de ces fractions de séries, pour la formation desquelles on s'est donné tant de peine, on a fait tant de frais d'amabilité, se transportent, dès que l'occasion s'en présente, sur les grandes séries ascendantes.* C'est que l'on a beau faire et beau dire, douce simplicité, grâce et jeunesse exercent partout et toujours une irrésistible attraction.

A l'exception des cartes amenées par ces mutations, les séries ascendantes ne peuvent, de même que les fractions de séries descendantes, recevoir que les cartes prises soit au bas de l'une des huit colonnes verticales, soit à la surface du jeu, ou à celle du talon dont il sera parlé plus bas. Il n'est nul moyen de faire partie d'un groupe de causeurs, si on n'est pas entré dans le parloir, ou tout au moins si on ne se trouve pas à la porte.

Lorsque, par suite de la formation des séries, l'une des seize premières cartes qui ont fondé les colonnes verticales se trouve à découvert, on la retourne, et elle jouit aussitôt de tous les avantages accordés aux huit dernières tirées du jeu. C'est une grande élève qui quitte la communauté et prend rang parmi les visiteuses, quelquefois même parmi les nouvelles mariées. Car *il peut arriver que ces cartes soient des as, ce qui fait que le joueur doit tout disposer pour pouvoir les retourner le plus promptement possible.* Il est si doux d'assister aux premiers débuts d'une jeune personne, d'étudier ses émotions, de deviner ses gracieuses illusions, de prendre part à ses joies naïves.

Le départ de ces cartes ou gentilles demoiselles *a aussi l'avantage d'amener quelquefois la disparition complète d'une des huit colonnes verticales, et on est aussitôt en droit d'en fonder une autre avec une carte* prise au choix du joueur, soit au bas d'une des sept colonnes restantes, soit à la surface du jeu ou à celle du talon. Cette nouvelle colonne représente un groupe de causeurs qui se forme dans le parloir, entre personnes étrangères à l'établissement.

Mais enfin arrive un moment où les conversations languissent, où aucune des cartes découvertes ne peut changer de place. Alors les portes du parloir s'ouvrent à tous ceux qui se présentent. On a recours au jeu, les cartes se tirent une à une : celles qui ne peuvent se placer immédiatement ni sur les séries ascendantes, ni sur les fractions de séries des-

cendantes, se déposent en un talon. Ce sont les vaniteux personnages. La crainte que les mérites qu'ils se supposent ne soient pas assez appréciés dans le gentil petit monde gai, animé et remuant qu'ils ont sous les yeux, les retient à la porte, où ils s'entassent les uns sur les autres, jusqu'à ce qu'il se présente quelque occasion de faire une en-trée à effet. Ils la saisissent avidement, et voilà pourquoi *la carte supérieure du talon doit toujours, de préférence à toute autre, prendre place sur les séries ou fractions de séries dès qu'elle en a la possibilité.*

Cette règle est d'autant plus importante

qu'il est essentiel que le talon soit toujours maintenu le plus faible possible, car s'il n'a pas entièrement disparu, s'il reste encore quelques cartes sur les colonnes verticales, quand la distribution du jeu est terminée, la patience est manquée.

Pour qu'elle réussisse, il faut que le couvent ne renfermant plus aucune grande fillette, son parloir reste complétement vide, que personne ne puisse être tenté de venir soupirer ni frapper à sa porte, et enfin que la totalité des cartes des deux grands jeux se trouve régulièrement classée en huit longues séries reposant sur les as.

Ce sont les images des salons fondés par les nouvelles mariées du commencement de la patience. Toutes sont devenues des femmes aimables et entendues. Il ne se rencontre dans les sociétés qu'elles ont su former ni froissements ni susceptibilités, car les diverses cartes qui composent les séries sont toutes de même couleur, et chacune d'elles se trouve placée exactement suivant sa valeur; depuis l'as, emblème de la douce et habile simplicité de la maîtresse de maison, qui toujours entourée de ses plus petits enfants, représentés par les basses cartes du jeu, a l'admirable talent de retenir et grouper

autour d'elle les neuf et les dix, grands col-
légiens indisciplinés ; les valets, images des
jeunes premiers ; les dames, dont aucune
n'a l'idée de jouer les rôles de grandes co-
quettes, et jusqu'au roi. son mari. qui, sur-
montant le tout, étale avec complaisance
sa magnifique barbe sur les vêtements
éclatants brodés par son épouse. Il attribue
à son seul mérite la haute position qu'elle a
su lui acquérir. Il est le plus heureux des
heureux ! O vous tous qui cherchez femme,
puissiez-vous en trouver une fortement
imbue des sages principes développés par
les patiences !

PATIENCES A 15 CENTIMES

déjà publiées.

Nº 1. Le vieux Procureur.
    2. La Flèche.
    3. Les Missionnaires.
    4. La Culture.
    5. La Constitution.
    6. Les Mariages.
    7. L'Épi.
    8. Une Leçon de politique.
    9. Le Dictionnaire de l'Académie.
   10. La Chasse du baron.
   11. La Perfection humaine.

Sous presse :

   12. La bonne Aventure du Troupier.
   13. L'avenir d'une belle et grande contrée.
   14. La Tour de Babel.
   15. Huit femmes parfaites.
   16. La Cligne-Musette.
   17. Un dîner.
   18. Etude sur le cœur humain.
   19. Un moyen d'être heureux en ménage.

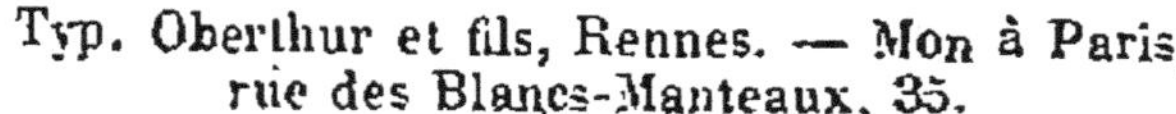

Typ. Oberthur et fils, Rennes. — Mon à Paris,
rue des Blancs-Manteaux, 35.

LA PATIENCE
MÈNE A TOUT
Oberthur et Fils à Rennes _ M... à Paris, r. des St-Pères, 35

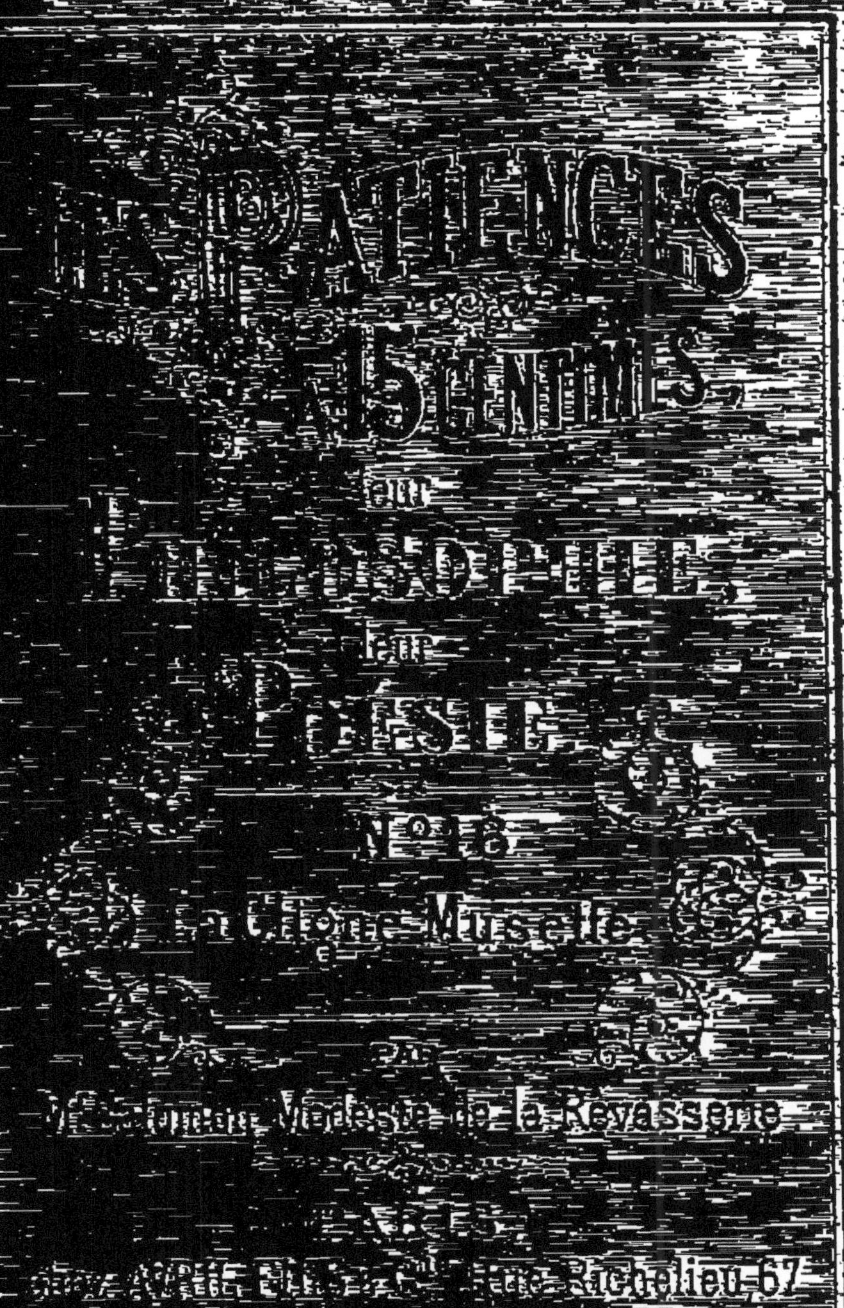

LES IMPATIENCES
15 CENTIMES
ou
LA PHILOSOPHIE
pour
LA POÉSIE
N° 18
La Gloire Musselle
par
M. Salomon Viadesio de la Reyassone
chez ADOLPHE DELAHAYS, rue Richelieu 67

PRÉFACE

Le ciel en sa clémence donna la patience à l'humanité pour adoucir les maux, conduire à la vertu, à la science, à la richesse : et les sages inventèrent les patiences, véritables paraboles en action, qui, appréciées et bien comprises, doivent changer les plus indolents désœuvrés en profonds penseurs et ouvrir la voie à toutes les perfections.

Il est des infortunés qui croient que les patiences n'ont été créées que pour passer le temps, occuper machinalement les doigts,

prédisposer au sommeil. Si encore leur dédaigneuse insouciance ne les privait que de la petite satisfaction que l'humaine nature trouve toujours dans le succès de ses entreprises, tant futiles qu'elles soient ! Mais ils ignorent donc, les malheureux, que l'imagination, ce don du ciel qui distingue l'homme des animaux, peut s'éteindre en eux, faute d'être suffisamment exercée ! Et où trouveront-ils jamais pour cette faculté, dont les écarts sont quelquefois si dangereux, un exercice plus sain et plus moral que la calme et douce exécution des patiences.

Toute patience est une image de la vie hu-

maine : chacune d'elles représente soit un trait de mœurs, soit un épisode historique. Leurs succès, plus ou moins répétés, indiquent les chances bonnes ou mauvaises réservées à des faits analogues, et rendent palpables les causes, quelquefois fortuites, mais le plus souvent conséquences inévitables de l'imprévoyance et de l'inattention, qui peuvent empêcher ou modifier les résultats espérés.

O vous tous donc qui prétendez étudier l'humanité, qui aspirez à la perfection, lisez mon œuvre, mêlez vos cartes, et, comme le grand roi Salomon, le premier des sages qui

se livra à cette utile occupation, laissez-vous

aller à la douce langueur des patiences.

La richesse vient en dormant, disaient

nos pères. Plus heureux qu'eux, nous pou-

vons nous livrer au plus agréable des jeux,

nous engourdir en ses douces émotions, et,

sans peines, sans fatigues, nous réveiller

philosophes et poëtes.

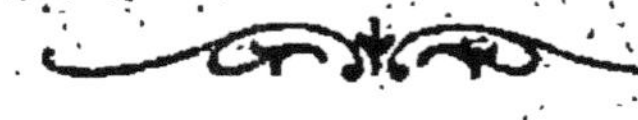

ÉLÉMENTS INDISPENSABLES.

FAMILLE. Toutes les cartes de même espèce, tous les cœurs, tous les carreaux, etc., d'un ou plusieurs jeux de cartes, forment une famille. Un jeu complet contient nécessairement quatre familles.

VALEUR. La valeur de chaque carte est indiquée par le nombre des points ou par la figure dont elle est ornée. As ou 1, 2, 3, etc., etc., 9, 10. Dans certains cas particuliers, le valet compte pour 11, la dame pour 12, le roi pour 13.

SÉRIE. Une série est une suite de cartes rangées suivant leur valeur.

Elle est ascendante quand la valeur des cartes va toujours augmentant : lorsque, par exemple, elle commence par un as et finit par un roi. Dans toutes les séries ascendantes qui ne commencent pas par un as, l'as se pose immédiatement sur le roi.

Elle est descendante quand la valeur des cartes va toujours en diminuant : lorsque, par exemple, elle commence par un roi et finit par un as. Dans toutes les séries descendantes qui ne commencent pas par un roi, le roi se pose immédiatement sur l'as.

A moins de conventions contraires, les séries se composent indistinctement de cartes de toutes couleurs et de toutes familles.

SOUCHE. La carte qui sert de base à une série, soit ascendante, soit descendante, est la souche de cette série.

TALON. Le talon est un paquet formé de toutes les cartes qui ne trouvent pas un emploi immédiat au moment où elles sortent du jeu. Toutes les cartes qui composent un talon se trouvent, par suite, placées les unes par rapport aux autres, exactement dans l'ordre inverse de celui qu'elles occupaient dans le jeu.

TABLEAU. On donne ce nom à une réunion de cartes étalées sur la table, soit pour servir de souche aux séries, soit pour fournir, en s'astreignant aux règles des diverses patiences, les cartes nécessaires pour les exécuter.

Il y a des tableaux de toutes formes.

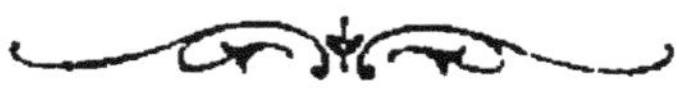

AVIS.

Les personnes exactes et positives, qui veulent aller droit au but sans s'arrêter ni se jamais laisser distraire ou détourner dans leur marche, trouveront, en ne lisant dans la description de chaque patience que les seuls mots imprimés en italique, une explication technique et des indications aussi brèves, sèches et arides qu'elles peuvent le désirer, sur la manière d'exécuter chacune d'elles.

EXPLICATION

Des signes employés dans les figures des patiences.

Dans les figures qui se trouvent en tête de chaque patience, les cartes sont désignées par différentes lettres, suivant les divers rôles qu'elles sont appelées à remplir.

A Série ascendante.

D Série descendante.

F Fractions de séries.

T Tableau.

P Dépôt provisoire.

O Talon.

I Cartes isolées ou déposées à part.

LA CLIGNE-MUSETTE.

P P P P P P P P

P P P P P P P P P

P P P P P P

On était au renouveau; les bourgeons s'en-
tr'ouvraient, les jeunes cœurs palpitaient,
le soleil était chaud dans la large allée
sablée, mais l'ombre était douce et fraîche
sous les grands arbres. Des enfants, aux

gentils et bariolés costumes, des bonnes jeunes et fraîches, sautaient, dansaient, chantaient dans le jardin des Tuileries. Jamais on en avait tant vu! Sans compter la marmaille, il s'en trouvait cent quatre : « Non pas des plus petits, mais garçons de quinze ans, si j'ai bonne mémoire. » Garçons et fillettes, n'en déplaise au bon Lafontaine.

Les cartes de deux jeux représentent assez bien toute cette jeunesse si variée de costumes, d'allures, de caractères. Elles *se groupent par paquets de 4; et les 26 paquets qu'elles forment se posent sans ordre sur une table, le dos tourné du côté du joueur, car il* s'agit d'une grande partie de Cligne-Musette.

Les jeunes acteurs se sont divisés par groupes de 4 et chaque groupe se dissimule de son mieux.

Mais aussi, comme chaque groupe renferme au moins un petit curieux qui ne peut s'empêcher de montrer son gracieux et frais minois, *une fois les paquets formés et posés sur la table, on retourne la carte supérieure de chacun d'eux.*

Alors silence général, chacun se tient coi en sa cachette; à peine si un léger murmure, quelques doux chuchotements, certains frissons imperceptibles agitent l'air atiédi.

Un calme si subit étonne les grands parents.

Ils se mettent en quête, et *toutes les fois que deux groupes se trouvent surmontés de deux cartes semblables, deux rois, deux as, deux sept, etc., etc.,* on les enlève et on les envoie promener ailleurs. La vieillesse a parfois d'incompréhensibles caprices ! Est-ce souvenir, est-ce sagesse ? Est-ce prévoyance, est-ce regret ? Pourquoi interrompre un si joli jeu ? Pourquoi sont-ce précisément les cartes les plus unies, celles qui s'abandonnent avec le plus d'entraînement à cette délicieuse partie, que l'on semble prendre à tâche d'éloigner ?

Cependant, *quand il ne reste plus sur les paquets que des cartes d'allures différentes,* entre lesquelles aucun rapprochement n'est possible, les gens d'âge reprennent leurs longues et sages discussions sur la politique, la bourse ou les modes ; et tout aussitôt de mutines petites têtes s'allongent discrètement aux ouvertures des diverses cachettes. *Le joueur retourne la carte de dessus des paquets d'où il en a été enlevé, et chaque paquet alors se trouve surmonté d'une carte qui laisse voir sa couleur et sa valeur.* C'est bien imprudent quand on joue à Cligne-Musette ! Mais ce jeu a tant de charmes pour la jeunesse! on ne peut pas penser à tout!

Comme la première fois le silence se refait, comme la première fois l'inquiétude revient aux grands parents. Ils exécutent une seconde razzia. *Et les cartes semblables qui surmontent les paquets sont alors enlevées ainsi qu'on l'a déjà fait.*

Le jeu se continue de la sorte tant qu'il y a des cartes à retourner dans les paquets, tant que chaque cachette renferme un jeune curieux, c'est-à-dire tant que le paquet existe. Le désir d'apprendre est si grand dans la jeunesse!

Pour que la patience réussisse, il faut que toutes les cartes du jeu aient successivement disparu, que toutes les cachettes aient été visitées et sondées par les personnes d'âge, dites raisonnables. Cela est beaucoup plus difficile qu'on ne le croit généralement. La jeunesse actuelle est bien fine, et on a de si bonne heure tant d'expérience à Paris!

De là vient qu'une dernière ressource a dû être laissée au joueur. Quand il ne se trouve plus de cartes semblables à découvert, il peut visiter l'intérieur des paquets qui ne contiennent que deux cartes; si le hasard fait que dans l'un d'eux les deux cartes soient pareilles, la patience est considérée comme réussie.

Il est, en effet, si rare de rencontrer au fond d'une cachette isolée deux esprits jeunets, d'amitié assez douce et constante, de cœur assez tendre, pour s'être tenus isolés et s'être laissé oublier pendant une si longue partie, que c'est justice de faire participer à leur récompense les quelques cartes qui peuvent se trouver encore sur la table.

Sauf ce cas bien exceptionnel, la patience est manquée; toutes les fois qu'il reste sous les paquets des cartes qui ne peuvent être enlevées, ce sont de petits êtres pervers;

après avoir su tromper leurs parents, ils s'appliqueront plus tard à tromper les hommes. Croyez-en la sagesse des patiences, méfiez-vous toujours de celui ou de celle qui dans son enfance fuyait ses camarades, qui dans son adolescence n'aimait pas le délicieux jeu de Cligne-Musette.

PATIENCES A 15 CENTIMES

déjà publiées.

Nº 1. Le vieux Procureur.
  2. La Flèche.
  3. Les Missionnaires.
  4. La Culture.
  5. La Constitution.
  6. Les Mariages.
  7. L'Épi.
  8. Une Leçon de politique.
  9. Le Dictionnaire de l'Académie.
 10. La Chasse du baron.
 11. La Perfection humaine.

Sous presse :

 12. La bonne Aventure du Troupier.
 13. L'avenir d'une belle et grande contrée.
 14. La Tour de Babel.
 15. Huit femmes parfaites.
 16. La Cligne-Musette.
 17. Un dîner.
 18. Etude sur le cœur humain.
 19. Un moyen d'être heureux en ménage.

Typ. Oberthur et fils, à Rennes. — Mon à Paris,
rue des Blancs-Manteaux, 35.

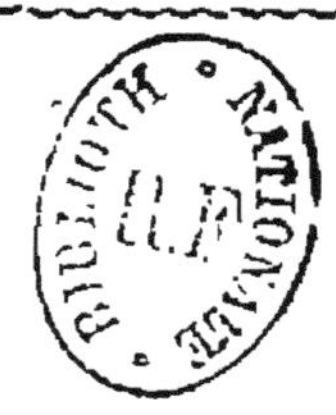

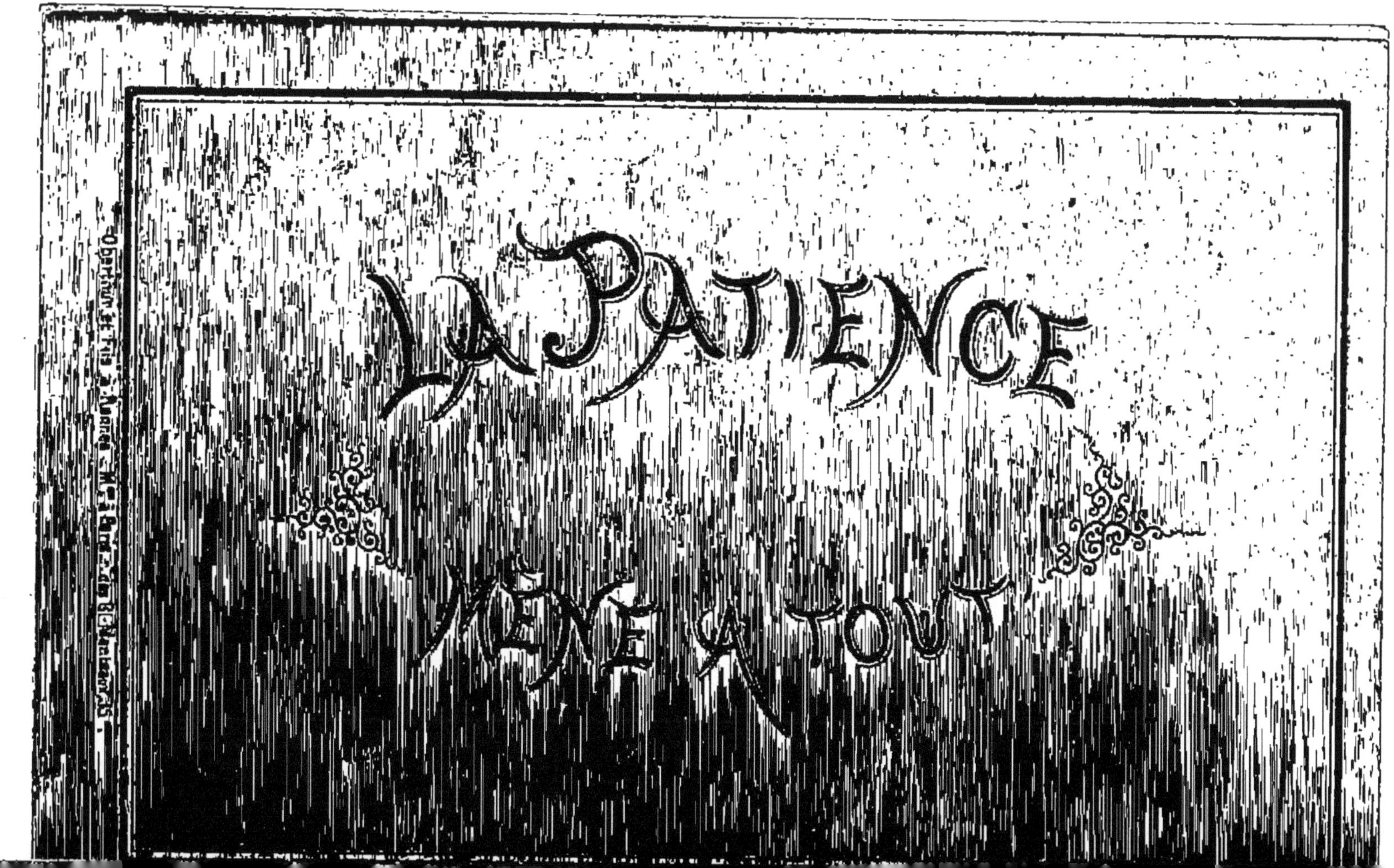
LA PATIENCE
VIENT À TOUT
Obertür et Fils à Nantes — M. à Paris — des BL. Nouveaux 35

LES PATIENCES
à 15 CENTIMES
pour
TABLEAUX DE PRIX
N° 12
En France
par
Mme Suzanne Vallée de la Révasserie
PARIS
Rue Richelieu 87

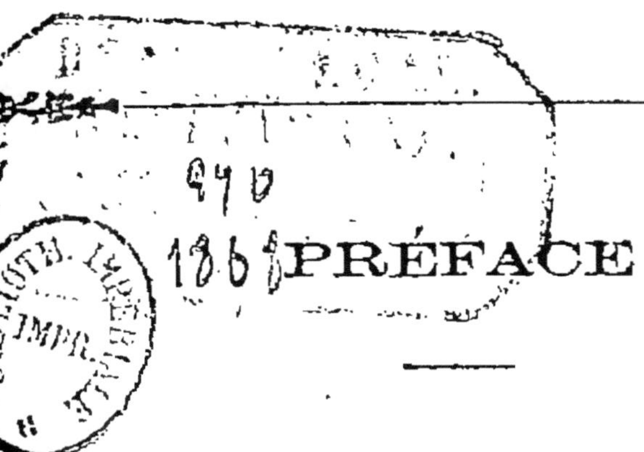

PRÉFACE

Le ciel en sa clémence donna la patience à l'humanité pour adoucir les maux, conduire à la vertu, à la science, à la richesse : et les sages inventèrent les patiences, véritables paraboles en action, qui, appréciées et bien comprises, doivent changer les plus indolents désœuvrés en profonds penseurs et ouvrir la voie à toutes les perfections.

Il est des infortunés qui croient que les patiences n'ont été créées que pour passer le temps, occuper machinalement les doigts,

prédisposer au sommeil. Si encore leur dédaigneuse insouciance ne les privait que de la petite satisfaction que l'humaine nature trouve toujours dans le succès de ses entreprises, tant futiles qu'elles soient! Mais ils ignorent donc, les malheureux, que l'imagination, ce don du ciel qui distingue l'homme des animaux, peut s'éteindre en eux, faute d'être suffisamment exercée! Et où trouveront-ils jamais pour cette faculté, dont les écarts sont quelquefois si dangereux, un exercice plus sain et plus moral que la calme et douce exécution des patiences.

Toute patience est une image de la vie hu-

maine : chacune d'elles représente soit un trait de mœurs, soit un épisode historique. Leurs succès, plus ou moins répétés, indiquent les chances bonnes ou mauvaises réservées à des faits analogues, et rendent palpables les causes, quelquefois fortuites, mais le plus souvent conséquences inévitables de l'imprévoyance et de l'inattention, qui peuvent empêcher ou modifier les résultats espérés.

O vous tous donc qui prétendez étudier l'humanité, qui aspirez à la perfection, lisez mon œuvre, mêlez vos cartes, et, comme le grand roi Salomon, le premier des sages qui

se livra à cette utile occupation, laissez-vous aller à la douce langueur des patiences.

La richesse vient en dormant, disaient nos pères. Plus heureux qu'eux, nous pouvons nous livrer au plus agréable des jeux, nous engourdir en ses douces émotions, et, sans peines, sans fatigues, nous réveiller philosophes et poëtes.

ÉLÉMENTS INDISPENSABLES.

FAMILLE. Toutes les cartes de même espèce, tous les cœurs, tous les carreaux, etc., d'un ou plusieurs jeux de cartes, forment une famille. Un jeu complet contient nécessairement quatre familles.

VALEUR. La valeur de chaque carte est indiquée par le nombre des points ou par la figure dont elle est ornée. As ou 1, 2, 3, etc., etc., 9, 10. Dans certains cas particuliers, le valet compte pour 11, la dame pour 12, le roi pour 13.

SÉRIE. Une série est une suite de cartes rangées suivant leur valeur.

Elle est ascendante quand la valeur des cartes va toujours augmentant : lorsque, par exemple, elle commence par un as et finit par un roi. Dans toutes les séries ascendantes qui ne commencent pas par un as, l'as se pose immédiatement sur le roi.

Elle est descendante quand la valeur des cartes va toujours en diminuant : lorsque, par exemple, elle commence par un roi et finit par un as. Dans toutes les séries descendantes qui ne commencent pas par un roi, le roi se pose immédiatement sur l'as.

A moins de conventions contraires, les séries se composent indistinctement de cartes de toutes couleurs et de toutes familles.

SOUCHE. La carte qui sert de base à une série, soit ascendante, soit descendante, est la souche de cette série.

TALON. Le talon est un paquet formé de toutes les cartes qui ne trouvent pas un emploi immédiat au moment où elles sortent du jeu. Toutes les cartes qui composent un talon se trouvent, par suite, placées les unes par rapport aux autres, exactement dans l'ordre inverse de celui qu'elles occupaient dans le jeu.

TABLEAU. On donne ce nom à une réunion de cartes étalées sur la table, soit pour servir de souche aux séries, soit pour fournir, en s'astreignant aux règles des diverses patiences, les cartes nécessaires pour les exécuter.

Il y a des tableaux de toutes formes.

AVIS.

Les personnes *exactes et positives,* qui veulent *aller droit au but sans s'arrêter ni se jamais laisser distraire ou détourner dans leur marche,* trouveront, en ne lisant dans la description de chaque patience que les seuls mots imprimés en italique, *une explication technique et des indications aussi brèves, sèches et arides qu'elles peuvent le désirer,* sur la manière d'exécuter chacune d'elles.

EXPLICATION

Des signes employés dans les figures des patiences.

Dans les figures qui se trouvent en tête de chaque patience, les cartes sont désignées par différentes lettres, suivant les divers rôles qu'elles sont appelées à remplir.

A Série ascendante.

D Série descendante.

F Fractions de séries.

T Tableau.

P Dépôt provisoire.

O Talon.

I Cartes isolées ou déposées à part.

UN DINER.

A A A A

P P P P   O

D D D D

Des convives de choix doivent se réunir chez vous. Vous désirez leur offrir un dîner fin et soigné. Un homme ordinaire enverrait au marché de la ville voisine, où se trouvent viandes, légumes, gibier, poisson, ingrédiens de toute espèce, quelquefois même des instruments de ménage, le tout ordinairement confondu et disposé sans ordre, comme peuvent l'être les cartes de deux grands jeux mêlés par une main habile. Mais vous, mon lecteur bien-aimé, plus confiant en la sagesse des patiences qu'en celle de votre cuisinière, quelqu'habile quelle soit, vous saisissez vos cartes, les mêlez avec soin, et certain du succès, vous procédez aux apprêts du festin.

Les quatre premières cartes qui sortent du jeu se placent sur une rangée horizontale; elles représentent les fourneaux, premier et indispensable meuble de toute cuisine. *Les deux qui viennent ensuite se mettent de côté l'une sur l'autre, sans être retournées ni vues.* Ce sont des provisions, cadeau d'un ami attentif. On peut supposer que dans votre préoccupation, vous les avez envoyées au garde-manger, sans même ouvrir le paquet. *La distribution des cartes se continue toujours de la même façon, en en posant d'abord quatre, une sur chaque paquet de la rangée horizontale, deux sur le dépôt ou talon.* Toutes les denrées arrivant du marché sont immédiatement étalées sur les fourneaux. Tous les cadeaux sont déposés à la cave sans être visités. *Il n'y a d'exception que pour les rois de l'un des jeux et les as de l'autre jeu. Ils sont placés sur deux rangées horizontales, l'une au-dessus, l'autre au-dessous de la première rangée,* et représentent les plats sur lesquels doivent être dressés les mets à leur sortie des fourneaux.

Ces quatre rois et ces quatre as deviennent, aussitôt qu'ils sont posés sur la table, les souches de séries ascendantes et descendantes, composées de cartes de la même famille (car dans un festin bien ordonné, les mets de même espèce se groupent ensemble.) *Elles ne peuvent être fondées et alimentées qu'avec* des cartes prises sur la rangée du milieu, images des fourneaux. Que serait-ce qu'un dîner dont tous les plats n'auraient pas passé sur les fourneaux ! *Et même*, pour être bien certain qu'ils sont cuits à point, *on doit attendre avant de les enlever, que la rangée entière soit recouverte de nouvelles cartes.*

Quand le jeu est épuisé, quand toutes les denrées sont achetées, quand il n'arrive plus de cadeaux, on visite le talon, ce magasin où ils ont été indistinctement entassés. C'est le moment des agréables surprises. *Toutes les cartes du talon, quelle que soit la place qu'elles y occupent, qui peuvent fonder ou* alimenter les séries, y sont immédiatement déposées. On doit, en les tirant, s'appliquer à ne pas déranger l'ordre des cartes restantes. Propreté, prudence et sagesse veulent que l'on manipule les denrées le moins possible.

Mais bientôt arrive un moment où ni le garde-manger, ni les fourneaux ne présentent aucuns mets à dresser sur les plats, c'est-à-dire où il ne se trouve plus, ni sur la rangée du milieu, ni dans le talon, de cartes qui puissent figurer sur les séries ascendantes ou descendantes. Alors la cuisinière perd un instant la tramontane, et dans son impatience, elle culbute sa cuisine, entasse les uns

sur les autres fourneaux, fricassées com-
mencées, denrées en magasin, fait un monceau du tout et se précipite au marché.
*Toutes les cartes, à l'exception de celles qui
forment les séries, sont ramassées par paquets, et on recommence une nouvelle distribution, en tout semblable à la première.*

On peut même en faire une troisième, car
la chaleur des fourneaux fouette terrible-
ment le sang, et on a vu certain cordon-
bleu perdre deux fois la tête dans la même
journée. *Bien plus, quelques amateurs persé-
vérants tentent une quatrième distribution.*

Il en coûte tant de renoncer à l'espoir d'un

succulent dîner! *Mais alors, toutes les cartes qui ne peuvent figurer sur les séries à leur sortie du jeu, se déposent sur celui des paquets de la ligne du milieu que le sort leur désigne; il n'y a plus de talon.* Il n'arrive plus de cadeaux hélas, en ce moment suprême! et toutes les denrées que l'on peut se procurer se déposent immédiatement sur les fourneaux. Le temps presse; la cuisinière, aussi rouge que ses charbons, pétille et s'enflamme comme eux. C'est le coup de feu; s'il manque, tout est perdu.

Il faut, pour que la patience réussisse, qu'après ces quatre distributions de cartes, les

fourneaux et le garde-manger, devenus également inutiles, aient entièrement disparu;
qu'*il ne reste que* le premier service, composé
des *quatre séries descendantes terminées par
les as* qui représentent les rôtis, *et* le deuxième
service composé des *quatre séries ascendantes
terminées par les rois*, images des plats montés.

C'est alors que le joueur ou plutôt l'am-
phitryon se délecte, à la vue d'un si beau
et si succulent succès. Déchirantes inquié-
tudes, peines, travaux, regrettables impatiences, tout est oublié. Il est si facile de se
laisser enivrer par le bonheur, devant une
table abondamment et délicatement servie !

PATIENCES A 15 CENTIMES

déjà publiées.

Nº 1. Le vieux Procureur.
   2. La Flèche.
   3. Les Missionnaires.
   4. La Culture.
   5. La Constitution.
   6. Les Mariages.
   7. L'Épi.
   8. Une Leçon de politique.
   9. Le Dictionnaire de l'Académie.
  10. La Chasse du baron.
  11. La Perfection humaine.

Sous presse :

  12. La bonne Aventure du Troupier.
  13. L'avenir d'une belle et grande contrée.
  14. La Tour de Babel.
  15. Huit femmes parfaites.
  16. La Cligne-Musette.
  17. Un dîner.
  18. Etude sur le cœur humain.
  19. Un moyen d'être heureux en ménage.

Typ. Oberthur et fils, à Rennes. — Mon à Paris,
rue des Blancs-Manteaux, 35.

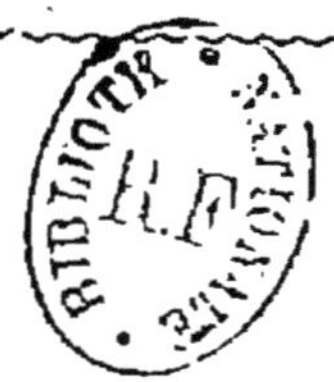

LA PATIENCE
VIENT A TOUT
Oberthür et Fils à Rennes — M. à Paris —